BEI GRIN MACHT SICH IHR WISSEN BEZAHLT

Nutzen und Potential von Künstlicher Intelligenz

Martin Mauerer

G R I N ☺

Bibliografische Information der Deutschen Nationalbibliothek:

Die Deutsche Nationalbibliothek verzeichnet diese Publikation in der
Deutschen Nationalbibliografie; detaillierte bibliografische Daten sind
im Internet über http://dnb.d-nb.de abrufbar.

ISBN: 9783346458803
Dieses Buch ist auch als E-Book erhältlich.

Druck und Bindung: Books on Demand GmbH, Norderstedt Germany
Gedruckt auf säurefreiem Papier aus verantwortungsvollen Quellen

Das vorliegende Werk wurde sorgfältig erarbeitet. Dennoch
übernehmen Autoren und Verlag für die Richtigkeit von Angaben,
Hinweisen, Links und Ratschlägen sowie eventuelle Druckfehler keine
Haftung.

Das Buch bei GRIN: https://www.grin.com/document/1040107

Nutzen und Potential der Künstlichen Intelligenz

Assignment im Modul SQF61

Vor - und Nachname: Martin Mauerer

Datum: 21.05.2021

Inhaltsverzeichnis

Abbildungsverzeichnis   3

1 Einleitung   4

2 Definition und Grundlagen der Künstlichen Intelligenz   5
   2.1 Definition der Künstlichen Intelligenz   5
   2.2 Maschinelles Lernen   6
   2.3 Künstliche Neuronale Netze und Tiefes Lernen   7

3 Künstliche Intelligenz in Video- und Brettspielen   9
   3.1 Verwendung von Künstlicher Intelligenz in Videospielen   9
        3.1.1 Künstliche Intelligenz in der Entwicklung von Videospielen   9
        3.1.2 Die virtuelle Welt von Videospielen zur Unterstützung für Anwendun-
               gen der realen Welt   11
   3.2 Duell der Intelligenzen - KI gegen Mensch   12
        3.2.1 Dota 2: KI-Team gegen Mensch   12
        3.2.2 Go: KI gegen Mensch   12

4 Schluss   15
   4.1 Fazit   15
   4.2 Selbstkritische Würdigung   15

Literatur   16

Anhang   19

Abbildungsverzeichnis

2.1 Künstliche Intelligenz (Quelle: in Anlehnung an Schwaiger und Steinwendner 2019b) 6

2.2 Maschinelles Lernen (Quelle: eigene Anfertigung) 7

2.3 Vereinfachte Darstellung eines Neuronalen Netzes (Quelle: eigene Anfertigung) 8

3.1 4 der 6 generierten 8-Bit Grauwertbilder eines Levels. Von links nach rechts: Floormap, Heightmap, Thingsmap und Wallmap (Quelle: Giacomello, Lanzi und Loiacono 2018 Fig. 12.) 10

3.2 Links: Bilder aus dem Videospiel GTA 5. Rechts: Klassifizierung der einzelnen Objekte (Quelle: Richter u. a. 2016 Fig. 1.) 11

3.3 Ende der 1. Partie von Lee Sedol (schwarz) gegen AlphaGo (weiß). Der markierte Stein stellt den letzten Spielzug dar. (Quelle: eigene Anfertigung nach dem offiziellen Spielbericht (https://deepmind.com/alphago-games-english)) . 13

3.4 Fortschritt von AlphaGo Zero nach 3, 19 und 70 Stunden an Spielen gegen sich selbst (Quelle: Silver und Hassabis 2017 (https://deepmind.com/blog/article/alphago-zero-starting-scratch)) 14

1 Einleitung

Im Februar 1996 geschah etwas, mit dem kaum jemand gerechnet hatte. Ein Computerprogramm schlägt den damaligen Weltmeister Garri Kasparov in einer Partie Schach (vgl. Herbrich 2019). Zum ersten Mal in der Geschichte konnte ein Computerprogramm einen Weltmeister in Schach besiegen.

Gegenstand dieser Ausarbeitung ist die Künstliche Intelligenz (KI). Im Fokus steht der Einsatz von Künstlicher Intelligenz in Video- und Brettspielen. Sie soll einen Überblick darüber verschaffen, inwieweit Künstliche Intelligenz in Videospielen Verwendung findet. Desweiteren wird jeweils ein Video- und Brettspiel vorgestellt, wo es zu einem Duell *KI gegen Mensch* kam.

Ziel dieser Ausarbeitung ist es, den Nutzen und das Potential von Künstlicher Intelligenz, basierend auf Anwendungen in Video- und Brettspielen, zu verdeutlichen.

Während im zweiten Kapitel auf die Definition der Künstlichen Intelligenz sowie wichtige Grundlagen eingegangen wird, werden im dritten Kapitel Einsatzgebiete der KI in Video- und Brettspielen erläutert. Im Kapitel 3.1 wird auf die Verwendung von Künstlicher Intelligenz im Gebiet der Videospiele eingegangen. Im Kapitel 3.2 werden Meilensteine des Bereiches *KI gegen Mensch* aufgezeigt. Die Ausarbeitung endet mit einem Fazit.

2 Definition und Grundlagen der Künstlichen Intelligenz

2.1 Definition der Künstlichen Intelligenz

Der Bereich der Künstichen Intelligenz hat sich im Laufe der Zeit zu einem Bereich mit globalen Auswirkungen entwickelt. Die Definition der Künstlichen Intelligenz hat sich im Laufe der Zeit immer wieder verändert. Es existieren mehrere Definitionen, viele dieser Definitionen haben die Gemeinsamkeit, dass Künstliche Intelligenz die Forschung, der Entwurf und Bau von intelligenten Systemen ist, um ein bestimmtes Ziel zu erreichen. (vgl. Bartneck u. a. 2021)

Der Mathematiker Alan Turing definierte den nach ihm benannten *Turing Test* zum Ermitteln von Künstlicher Intelligenz (TURING 1950). Ein Computer besteht diesen Test, wenn ein Mensch dem Computer schriftlich Fragen stellt, und basierend auf den Antworten nicht unterscheiden kann, ob die Antwort von einem Menschen oder von einem Computer stammt. Aus dieser Definition lassen sich vier Fähigkeiten ableiten, welche eine Künstliche Intelligenz erfüllen muss (vgl. Schwaiger und Steinwendner 2019a):

- **Natural Language Processing**, um die Frage lesen und beantworten zu können.

- **Wissenspräsentation**, zum Verständnis und zur Beantwortung der Frage aus dem Wissenskontext.

- **Logisches Schließen** aus dem Bereich der Mathematik. Aus Erkenntnis müssen logische Folgen beantwortet werden können.

- **Maschinelles Lernen**, um sich neuen Situationen anzupassen, und zur Mustererkennung.

Künstliche Intelligenz lässt sich in die Bereiche Maschinelles Lernen, Künstliche Neuronale Netze und Tiefes Lernen aufteilen (siehe Abbildung 2.1). Diese Bereiche werden in den folgenden zwei Kapiteln näher betrachtet.

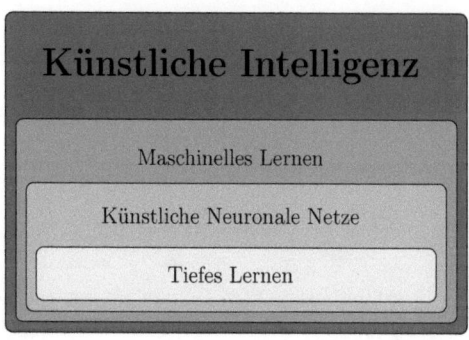

Abbildung 2.1: Künstliche Intelligenz (Quelle: in Anlehnung an Schwaiger und Steinwendner 2019b)

2.2 Maschinelles Lernen

Maschinelles Lernen ist ein wesentlicher Teilbereich der Künstlichen Intelligenz. Unter Maschinellem Lernen versteht sich die Erfüllung einer Aufgabe durch ein Computerprogramm, wobei dieses durch Erfahrungen lernen soll, und durch Wiederholungen das Ergebnis verbessert. Algorithmen des Maschinellen Lernens lassen sich in drei Bereiche aufteilen: überwachtes Lernen, unüberwachtes Lernen und verstärktes Lernen (siehe Abbildung 2.2).

Beim Überwachten Lernen wird ein Algorithmus mit einem Datensatz (Eingabe) auf ein ihm bekanntes Ergebnis antrainiert (Ausgabe). In dieser Phase des Trainings werden Regeln aufgestellt, wie der Algorithmus Daten mit unbekanntem Ergebnis einer Ausgabe zuordnen soll (Prediction). Auf diese Weise lernt der Algorithmus, wie er mit neuen Eingaben mit unbekannter Ausgabe verfahren soll. Die bekanntesten Verfahren des überwachten Lernens stellen die Klassifikation und die Regression dar.

Beim Unüberwachten Lernen ist die Ausgabe der Eingabedaten nicht bekannt, folglich kann ein Algorithmus nicht antrainiert werden. Der Algorithmus muss eigenständig Muster und Strukturen erkennen, und die Daten einer Ausgabe zuordnen. Ein bekanntes Verfahren des unüberwachten Lernens ist die Clusteranalyse. Dieses Verfahren sucht nach Zusammenhängen in den Eingangsdaten, und weist sie verschiedenen Gruppen - Cluster genannt - zu.

Das verstärkende Lernen beruht auf einem Belohnungsprinzip. Es werden keine Daten benötigt um den Algorithmus anzulernen, er lernt von selbst auf Basis von Belohnungen. Bestimmte Aktionen belohnen den Algorithmus (+1), bei anderen Aktionen bleibt eine Belohnung aus (+0), oder es folgt eine Bestrafung (-1). Der Algorithmus maximiert die Anzahl der Belohnungen nach dem Trial and Error Prinzip. Er findet auf diesem Weg den optimalen Lösungsweg für eine Problemstellung. (vgl. Kirste und Schürholz 2019a)

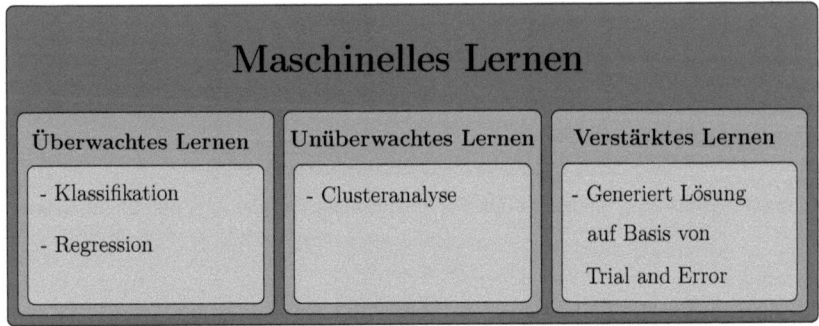

Abbildung 2.2: Maschinelles Lernen (Quelle: eigene Anfertigung)

2.3 Künstliche Neuronale Netze und Tiefes Lernen

Im Bereich der Künstlichen Intelligenz gibt es eine Vielzahl von Algorithmen welche in unterschiedlichen Bereichen eingesetzt werden. Nicht jeder Algorithmus kann jede Aufgabe zufriedenstellend erfüllen. Die Künstlichen Neuronalen Netze sind der Hauptgrund für den aktuellen Boom der Künstlichen Intelligenz, bzw. das auf Neuronalen Netzen beruhende Tiefe Lernen. Künstliche Neuronale Netze und Tiefes Lernen werden an dieser Stelle genauer erläutert.

Bei einem Künstlichen Neuronalen Netz wird versucht, die Vorgänge im Gehirn von höheren Lebewesen zu simulieren. Das Grundgerüst eines Künstlichen Neuronalen Netzes besteht aus drei Bereichen: einer Eingabeschicht (Input-Layer), einer Ausgabeschicht (Output-Layer), sowie eine oder mehrere Zwischenschichten (Hidden-Layer) (siehe Abbildung 2.3). Eine Eingabe durchläuft dieses Netz, wobei in den Zwischenschichten Entscheidungen über die Gewichtungen der Neuronen sowie eine Schwellwertfunktion getroffen werden. Eine mögliche Methode zum Trainieren ist die *Backpropagation*. Nach einem Durchlauf des Netzes wird die Abweichung zwischen errechneter Ausgabe und tatsächlicher Ausgabe bestimmt. Basierend auf diesem Fehler, werden die Gewichte an den einzelnen Schichten neu berechnet. Dieser Vorgang wiederholt sich, bis der Fehler „akzeptabel klein" ist. Wird das Netz in einer Richtung durchflossen, handelt es sich um ein *Feedforward-Netz*. Kann die Eingabe nach vorne und auf eine oder mehrere Ebenen zurückspringen, handelt es sich um ein *Re-*

kurrentes Netz. Durch die Anzahl an Zwischenschichten können komplexe Abbildungen von der Eingabe bis zur Ausgabe erlernt werden.

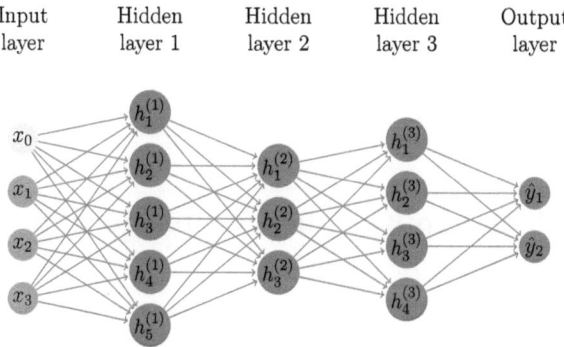

Abbildung 2.3: Vereinfachte Darstellung eines Neuronalen Netzes (Quelle: eigene Anfertigung)

Ein Neuronales Netz ist die Grundlage für Tiefes Lernen. Beim Tiefen Lernen handelt es sich um einen Teilbereich des Maschinellen Lernens. Der entscheidende Unterschied ist, dass der Mensch in die Analyse und Entscheidung des Algorithmus nicht eingreift, er stellt lediglich die Daten zur Verfügung. Der Algorithmus lernt von sich aus, indem er das Erlernte mit neuen Inhalten verknüpft und erneut lernt. Es lässt sich im Nachhinein nicht mehr nachvollziehen, auf welcher Basis der Algorithmus eine Entscheidung getroffen hat. Der Ausdruck „Tief" beruht auf der Anzahl von Zwischenschichten des Neuronalen Netzes. Umso tiefer das Neuronale Netz ist, umso komplexere Aufgabenstellungen können umgesetzt werden. (vgl. Kirste und Schürholz 2019b)

3 Künstliche Intelligenz in Video- und Brettspielen

3.1 Verwendung von Künstlicher Intelligenz in Videospielen

Die Videospieleindustrie ist der jüngste Zweig der Medienindustrie. In seiner Entstehung vor 40 Jahren galt es noch als Nischenprodukt, welches mittlerweile Milliardengewinne erzielt. Im folgenden Abschnitt wird erläutert, wie Künstliche Intelligenz in Videospielen eingesetzt wird. Es wird auch an einem Beispiel deutlich gemacht, wie Videospiele genutzt werden können, um eine Künstliche Intelligenz zu trainieren. (vgl. De Prato 2014)

3.1.1 Künstliche Intelligenz in der Entwicklung von Videospielen

In der Entwicklung von Videospielen gilt es neben den technischen Herausforderungen wie die grafische Darstellung, oder der Umsetzung von physikalischen Gesetzen, ein realistisches Verhalten von Non-Player Characters (NPC's) umzusetzen. Das Verhalten von NPC's in bestimmten Situationen wird bei Videospielen generell als KI bezeichnet. Diese NPC's treten in der Spielwelt als Mitstreiter oder Gegner auf. Es ist Aufgabe der KI, diese Figuren so realistisch und glaubwürdig wie möglich dem Spieler in Erscheinung treten zu lassen. Auch wenn sich die KI von NPC's im Laufe der Jahre immer weiter verbessert hat, wird dennoch auf relativ einfache Methoden wie endliche Automaten zurückgegriffen. Endliche Automaten bestehen aus (endlichen) Zuständen und Übergängen (vgl. Knapp 2018). Ein Übergang in einen anderen Zustand wird durch ein oder mehrere Ereignisse ausgelöst. Basierend auf diversen Ereignissen, muss sich die KI entsprechend glaubwürdig verhalten. (vgl. Bauckhage Christian 2014)

Façade

Das Entwicklerstudio Playabl Studios (ehemals Procedural Arts) entwickelte ein Videospiel, welches auf Künstlicher Intelligenz nach der Definition aus Kapitel 2.1 basiert. *Façade* erschien bereits im Jahr 2005 nach fünfjähriger Entwicklungszeit. Der Spieler wird in die Rolle eines männlichen Protagonisten versetzt, welcher ein befreundetes Ehepaar besucht. Vor den Augen des Spielers kommt es zwischen dem Ehepaar zum Streit. Der Verlauf dieses Streits kann durch den Spieler aktiv beeinflusst werden, zum Positiven als auch zum Negativen. Die Äußerungen welche per Tastatur eingetippt werden, werden von den beiden Charakteren entsprechend aufgenommen (Natural Language Processing) und es erfolgt eine Reaktion. Durch die Äußerungen kann man die beiden Charaktere in verschiedene Richtungen lenken. Die KI kontrolliert hierbei nicht nur die Aussagen der Charaktere, sondern auch deren Gestik und Mimik. (vgl. Klaß 2005, Studios 2005)

Levelgenerierung

Das Erstellen der Spielwelt oder einzelner Level bei modernen Videospielen ist ein zeitaufwändiger und kostenintensiver Prozess. Die Wichtigkeit ist nicht zu verachten, da die Gestaltung der Spielwelt das Spielerlebnis stark beeinflusst. Gutes Leveldesign hängt von mehreren Faktoren ab. So spielen das Fachwissen auf diesem Gebiet sowie ausgiebiges Testen eine zentrale Rolle. Spieleforscher unternehmen große Anstrengungen, um mittels Maschinellen Lernens den Prozess des Leveldesigns modellieren zu können, und somit den Leveldesigner unterstützen können.

Für den 1993 erschienenen Ego-Shooter DOOM wurden Neuronale Netze zur automatischen Generierung von Level erfolgreich antrainiert. Bereits erstellte Level sind in sog. WAD files abgespeichert. Diese beinhalten alle Informationen über ein Level. Mit diesen Informationen wurden für jedes Level sechs 8-Bit Grauwertbilder erstellt, welche unterschiedliche Informationen repräsentieren (bspw. eine *Heightmap* des Level). Aus den WAD files wurden weitere 176 Features extrahiert (numerisch und kategorisch). Das Neuronale Netz wurde mit den sechs Bildern sowie den Features antrainiert. Als Ergebnis generierte das Neuronale Netz ein neues Level bestehend aus sechs 8-Bit Grauwertbildern (siehe Abbildung 3.1), welche dazu genutzt werden um ein vollwertiges Level zu erstellen. (vgl. Giacomello, Lanzi und Loiacono 2018)

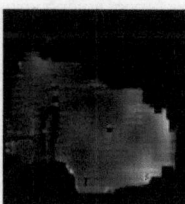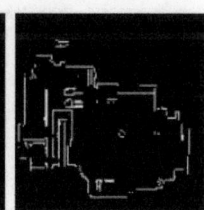

Abbildung 3.1: 4 der 6 generierten 8-Bit Grauwertbilder eines Levels. Von links nach rechts: Floormap, Heightmap, Thingsmap und Wallmap (Quelle: Giacomello, Lanzi und Loiacono 2018 Fig. 12.)

3.1.2 Die virtuelle Welt von Videospielen zur Unterstützung für Anwendungen der realen Welt

Algorithmen der Künstlichen Intelligenz sind auf riesige Mengen an Daten angewiesen. Die Erfassung dieser Daten kann sich, abhängig vom Anwendungsgebiet, sehr zeit- und kostenintensiv gestalten. Dies ist besonders problematisch für reale Anwendungen wie das autonome Fahren von Fahrzeugen. Die Erfassung von genügend Daten unter verschiedenen Bedingungen wie Wetter und Tageszeit, stellt einen immensen Kosten und Zeitfaktor dar. Zusätzlich müssen die einzelnen Objekte in den Aufnahmen mit einem Label versehen werden (Bildklassifizierung). Mehrere Forschungseinrichtungen, wie die TU Darmstadt, versuchen aus diesem Grund, diese Daten über ein Videospiel zu erfassen und mithilfe von einem Algorithmus die Objekte in den Aufnahmen automatisch zu klassifizieren.

Moderne Videospiele sind in der Lage die reale Welt äußerst realistisch zu simulieren. Die simulierte Welt in dem Videospiel *Grand Theft Auto 5* (GTA 5) wurde zur Erfassung der Daten benutzt. Zusätzlich wurde ein Algorithmus entwickelt, welcher automatisch die darauf zu findenden Objekte klassifiziert (siehe Abbildung 3.2).

Abbildung 3.2: Links: Bilder aus dem Videospiel GTA 5. Rechts: Klassifizierung der einzelnen Objekte (Quelle: Richter u. a. 2016 Fig. 1.)

Mit dieser Methode konnten 25000 Bilder in nur 49 Stunden gelabelt werden. Ein manuelles Labeln eines Bildes wird hingegen mit 60 Minuten angegeben (vgl. Brostow, Fauqueur und Cipolla 2008). (vgl. Richter u. a. 2016)

3.2 Duell der Intelligenzen - KI gegen Mensch

Die stetige technologische Weiterentwicklung ermöglichte die Umsetzung von immer komplexeren und rechenintensiven Algorithmen. Seit jeher wird in speziellen Bereichen versucht, eine KI gegen einen Menschen antreten zu lassen. Der erste Meilenstein in diesem Bereich geht auf das Jahr 1996 zurück. Der von IBM entwickelte Schachcomputer *Deep Blue* besiegte den damaligen Weltmeister Garri Kasparov (vgl. Herbrich 2019). Im folgenden wird jeweils ein Video- und Brettspiel vorgestellt, wo es ebenfalls eine KI mit menschlichen Gegnern aufnahm.

3.2.1 Dota 2: KI-Team gegen Mensch

Das KI-Forschungsunternehmen *Open AI* entwickelte einen Algorithmus, welcher im Jahr 2017 erstmals den Profi Danylo Ishutin in dem Videospiel Dota 2 schlug. Bei Dota 2 handelt es sich um ein Videospiel des Genre *Multiplayer Online Battle Arena* (MOBA). Es zählt zu den komplexesten Videospielen der heutigen Zeit. Es spielen zwei Teams mit jeweils fünf Mitspielern gegeneinander. Jeder Spieler wählt einen von mehr als 100 Charakteren aus, wobei jeder Charakter unterschiedliche Fähigkeiten, Stärken und Schwächen hat. Ziel ist es, die Basis des Gegners zu zerstören. Der damalige Entwicklungsstand von Open AI erlaubte nur ein Duell „Eins gegen Eins". (vgl. Kühl 2017)

Im April 2019 gelang es Open AI durch die Weiterentwicklung ihrer Künstlichen Intelligenz *Open AI Five*, gegen das E-Sports-Team OG zu gewinnen. Dieses Team war 2019 zugleich der amtierende Weltmeister. Open AI Five besteht aus fünf Neuronalen Netzen. Diese fünf KI's spielten über mehrere Monate gegeneinander und lernten dadurch voneinander. Das Training pro Tag entspricht einer Spielzeit von 180 Jahren. Es gab Einschränkungen auf beiden Seiten. Zugunsten von Open AI Five wurde die Anzahl an auswählbaren Charakteren auf 17 reduziert. Zugunsten von OG wurde die Reaktionsgeschwindigkeit der Künstlichen Intelligenz auf ein menschliches Niveau angepasst. (vgl. Steinlechner 2019, OpenAI 2018)

3.2.2 Go: KI gegen Mensch

Go zählt zu den ältesten sowie komplexesten Brettspielen der Welt. Es soll rund 2200 Jahren vor Christus in China entstanden sein, und genießt insbesondere in Japan, China und Korea einen hohen Stellenwert. Die Spielregeln sind einfach: gespielt wird auf einem 19x19 Spielbrett, wobei schwarze und weiße Steine abwechselnd auf die Schnittpunkte der Linien platziert werden. Gewinner einer Partie ist derjenige Spieler, welcher mit seinen Steinen das größere Gebiet eingrenzt. Sollten Steine von gegnerischen Steinen komplett umzingelt sein, gelten diese als geworfen und werden vom Spielbrett entfernt. (vgl. Hesse 2015)

Die Komplexität dieses Spiels lässt sich durch die Brettgröße sowie der Einfachheit der Regeln erklären. Pro Spielzug stehen einem durchschnittlich 250 mögliche Züge zur Verfügung. Die Anzahl an möglichen Partien lässt sich dadurch auf 10^{171} abschätzen. Dies übertrifft die Anzahl von Atomen im Universum. Diese Komplexität machte es sehr schwer einen geeigneten Algorithmus zu entwickeln. Bis zum Jahr 2015 galt Go deswegen als vom Computer nicht schlagbar.

Das britische Forschungsunternehmen DeepMind, eine Tochtergesellschaft von Google, hat mit AlphaGo ein Computerprogramm entwickelt, welches im Jahr 2016 den damaligen Weltmeister Lee Sedol herausforderte und in 4 von 5 Partien gewann (siehe Abbildung 3.3). AlphaGo benutzt die Verknüpfung von zwei tiefen Neuronalen Netzen, um den Zug mit der höchsten Gewinnwahrscheinlichkeit bestimmen zu können. Zum Trainieren des Programms wurde die Methode des überwachten Lernens anhand von vergangenen Profi Partien eingesetzt. Zur Verfeinerung wurde zusätzlich noch eine Methode des verstärkenden Lernens verwendet. (DeepMind 2020)

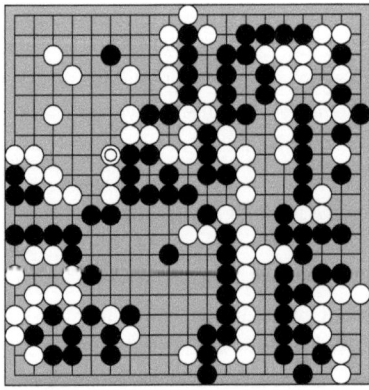

Abbildung 3.3: Ende der 1. Partie von Lee Sedol (schwarz) gegen AlphaGo (weiß). Der markierte Stein stellt den letzten Spielzug dar. (Quelle: eigene Anfertigung nach dem offiziellen Spielbericht (https://deepmind.com/alphago-games-english))

Der Nachfolger *AlphaGo Zero* unterscheidet sich zu AlphaGo in drei wichtigen Aspekten:

- Es lernte ausschließlich mit der Methode des verstärkten Lernens, indem es gegen sich selbst spielte

- Dem Programm wurden lediglich die Grundregeln des Spiels als Basisinformation gegeben

- Als Eingabe bekam das Neuronale Netz nur die weißen und schwarzen Spielsteine

AlphaGo Zero brachte sich Go von Grund auf selbst bei (siehe Abbildung 3.4). Nach drei Tagen an Lernen durch Spiele gegen sich selbst, schlug AlphaGo Zero den Vorgänger AlphaGo bei 100 Spielen 100 zu 0. Basierend auf diesem Algorithmus wurden weitere Verbesserungen und Ergänzungen vorgenommen. Im Nachfolger *Alpha Zero* wurden der KI zusätzlich die Spiele Schach und Shogi beigebracht (vgl. Silver, Schrittwieser u. a. 2017). In der aktuellsten Version *MuZero* wurden zusätzlich 57 Atari Videospieleklassiker hinzugefügt (Schrittwieser u. a. 2019).

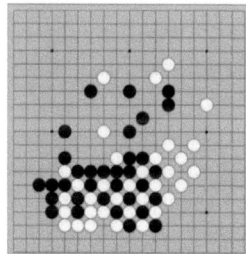 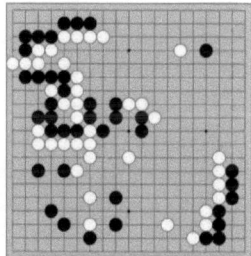 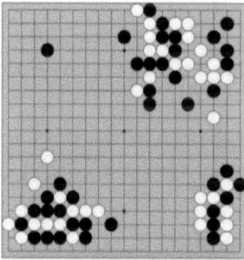

(a) 3 Stunden Training: AlphaGo Zero spielt wie ein menschlicher Anfänger. Eine Langzeitstrategie ist nicht erkennbar, es wird versucht so viele gegnerische Steine wie möglich zu werfen.

(b) 19 Stunden Training: AlphaGo Zero hat die Grundlagen von fortgeschrittenen Techniken wie „Leben und Tod" oder auch „Gebiet und Einfluss" gelernt.

(c) 70 Stunden Training: AlphaGo Zero spielt auf übermenschlichem Niveau. Das Spiel ist diszipliniert und beinhaltet mehrere Herausforderungen auf dem gesamten Spielbrett.

Abbildung 3.4: Fortschritt von AlphaGo Zero nach 3, 19 und 70 Stunden an Spielen gegen sich selbst (Quelle: Silver und Hassabis 2017 (https://deepmind.com/blog/article/alphago-zero-starting-scratch))

4 Schluss

4.1 Fazit

Mit dieser Ausarbeitung sollte der Nutzen und das Potential von Künstlicher Intelligenz, basierend auf Anwendungen in Video- und Brettspielen, verdeutlicht werden. Dies wurde durch die vorgestellten Anwendungen auch erreicht.

Die Verwendung von Künstlicher Intelligenz in Videospielen ist sehr vielfältig. Zum einen werden bereits Spiele entwickelt, welche durch KI einen sehr hohen Grad an Realismus erreichen, zum anderen wird KI im Entwicklungsprozess als kosten- und zeitsparende Unterstützung genutzt.

In umgekehrter Weise wird die realistische Welt von Videospielen zur Unterstützung für Anwendungen der realen Welt genutzt. Die Erfassung von erforderlichen Daten lässt sich mit der simulierten Welt von modernen Videospielen deutlich beschleunigen. Komplexe Algorithmen können in der virtuellen Welt mit wenig Aufwand getestet werden.

Deutlich wird das Potenzial unter Betrachtung der Meilensteine KI gegen Mensch. Nicht nur in Brettspielen ist der Mensch mittlerweile chancenlos, auch in komplexen Videospielen hat die KI bereits menschliche Profis geschlagen.

Wie die bisherige Weiterentwicklung dieser Algorithmen zeigt, ist es durchaus denkbar, dass die KI auch auf andere Problemstellungen angepasst werden kann.

4.2 Selbstkritische Würdigung

Das Thema Künstliche Intelligenz konnte im Rahmen dieser Ausarbeitung nur oberflächlich behandelt werden. Auch die Erläuterung der Anwendungen von KI in Videospielen wurde nur oberflächlich wiedergegeben. Im Rahmen dieser Ausarbeitung konnte bzgl. der Algorithmik nicht in die Tiefe gegangen werden, um die Umsetzung der Algorithmen im Detail zu beschreiben.

Literatur

Bartneck, Christoph u. a. (2021). „What Is AI?" In: *An Introduction to Ethics in Robotics and AI*. Cham: Springer International Publishing, S. 7–9. ISBN: 978-3-030-51110-4. DOI: 10.1007/978-3-030-51110-4_2. URL: https://doi.org/10.1007/978-3-030-51110-4_2.

Bauckhage Christian Kersting Kristian, Thurau Christian (Okt. 2014). „Künstliche Intelligenz für Computerspiele". In: *Informatik Spektrum* 37, S. 534–535. DOI: 10.1007/s00287-014-0822-4.

Brostow, Gabriel J., Julien Fauqueur und Roberto Cipolla (2008). „Semantic Object Classes in Video: A High-Definition Ground Truth Database". In: *Pattern Recognition Letters*. DOI: 10.1016/j.patrec.2008.04.005.

De Prato, Giuditta (2014). „The Video Games Industry". In: *Digital Media Worlds: The New Economy of Media*. Hrsg. von Giuditta De Prato, Esteve Sanz und Jean Paul Simon. London: Palgrave Macmillan UK, S. 163. ISBN: 978-1-137-34425-0. DOI: 10.1057/9781137344250_11. URL: https://doi.org/10.1057/9781137344250_11.

DeepMind (2020). *AlphaGo - The Movie | Full Documentary*. Youtube. URL: https://www.youtube.com/watch?v=WXuK6gekU1Y.

Giacomello, Edoardo, Pier Luca Lanzi und Daniele Loiacono (2018). *DOOM Level Generation using Generative Adversarial Networks*. arXiv: 1804.09154 [cs.LG].

Herbrich, Ralf (2019). „Künstliche Intelligenz bei Amazon Spitzentechnologie im Dienste des Kunden". In: *Künstliche Intelligenz: Mit Algorithmen zum wirtschaftlichen Erfolg*. Hrsg. von Peter Buxmann und Holger Schmidt. Berlin, Heidelberg: Springer Berlin Heidelberg, S. 63. ISBN: 978-3-662-57568-0. DOI: 10.1007/978-3-662-57568-0_4. URL: https://doi.org/10.1007/978-3-662-57568-0_4.

Hesse, Nils (2015). „Go". In: *Spielend gewinnen: Gewinnstrategien für die 50 bekanntesten Karten-, Würfel-, Brett- und Gewinnspiele*. Wiesbaden: Springer Fachmedien Wiesbaden, S. 3–7. ISBN: 978-3-658-04441-1. DOI: 10.1007/978-3-658-04441-1_1. URL: https://doi.org/10.1007/978-3-658-04441-1_1.

Kirste, Moritz und Markus Schürholz (2019a). „Einleitung: Entwicklungswege zur KI". In: *Künstliche Intelligenz: Technologie | Anwendung | Gesellschaft*. Hrsg. von Volker Wittpahl. Berlin, Heidelberg: Springer Berlin Heidelberg, S. 24–29. ISBN: 978-3-662-58042-4. DOI:

10.1007/978-3-662-58042-4_1. URL: https://doi.org/10.1007/978-3-662-58042-4_1.

Kirste, Moritz und Markus Schürholz (2019b). „Einleitung: Entwicklungswege zur KI". In: *Künstliche Intelligenz: Technologie / Anwendung / Gesellschaft*. Hrsg. von Volker Wittpahl. Berlin, Heidelberg: Springer Berlin Heidelberg, S. 29–33. ISBN: 978-3-662-58042-4. DOI: 10.1007/978-3-662-58042-4_1. URL: https://doi.org/10.1007/978-3-662-58042-4_1.

Klaß, Christian (8. Juli 2005). *Façade: KI-Spiel mit handfestem Ehestreit. Zugegriffen am: 02. Mai 2021.* URL: https://www.golem.de/0507/39121.html.

Knapp, Stefan O. (2018). „Endliche Automaten". In: *Übungsbuch Automaten und formale Sprachen: 117 Aufgaben und Lösungen*. Wiesbaden: Springer Fachmedien Wiesbaden, S. 1. ISBN: 978-3-658-22696-1. DOI: 10.1007/978-3-658-22696-1_1. URL: https://doi.org/10.1007/978-3-658-22696-1_1.

Kühl, Eike (19. Aug. 2017). *Künstliche Intelligenz: Jetzt besiegt sie auch noch Profigamer. Zugegriffen: 03. Mai 2021.* URL: https://www.zeit.de/digital/games/2017-08/kuenstliche-intelligenz-dota-2-bot-international.

OpenAI (2018). *OpenAI Five.* https://blog.openai.com/openai-five/.

Richter, Stephan R. u. a. (2016). „Playing for Data: Ground Truth from Computer Games". In: *European Conference on Computer Vision (ECCV)*. Hrsg. von Bastian Leibe u. a. Bd. 9906. LNCS. Springer International Publishing, S. 102–118.

Schrittwieser, Julian u. a. (2019). „Mastering Atari, Go, Chess and Shogi by Planning with a Learned Model". In: *CoRR* abs/1911.08265. arXiv: 1911.08265. URL: http://arxiv.org/abs/1911.08265.

Schwaiger, Roland und Joachim Steinwendner (2019a). „Artificial Intelligence (künstliche Intelligenz)". In: *Neuronale Netze programmieren mit Python*. Bonn: Rheinwerk Computing, S. 34–35. ISBN: 978-3-8362-6142-5.

– (2019b). „Big Picture". In: *Neuronale Netze programmieren mit Python*. Bonn: Rheinwerk Computing, S. 33. ISBN: 978-3-8362-6142-5.

Silver, David und Demis Hassabis (18. Okt. 2017). *AlphaGo Zero: Starting from scratch. Zugegriffen am: 15. Mai 2021.* URL: https://deepmind.com/blog/article/alphago-zero-starting-scratch.

Silver, David, Julian Schrittwieser u. a. (Okt. 2017). „Mastering the game of Go without human knowledge". In: *Nature* 550, S. 354–359. DOI: 10.1038/nature24270.

Steinlechner, Peter (16. Apr. 2019). *Open AI besiegt die Weltmeister. Zugegriffen am: 09. Mai 2021.* URL: https://www.golem.de/news/dota-2-open-ai-besiegt-die-weltmeister-1904-140710.html.

Studios, Playabl (2005). *Facade*. Youtube. URL: https : / / www . playablstudios . com /
facade.

TURING, A. M. (Okt. 1950). „I.—COMPUTING MACHINERY AND INTELLIGENCE".
In: *Mind* LIX.236, S. 433–460. ISSN: 0026-4423. DOI: 10.1093/mind/LIX.236.433. eprint:
https : / / academic . oup . com / mind / article - pdf / LIX / 236 / 433 / 30123314 / lix - 236 -
433.pdf. URL: https://doi.org/10.1093/mind/LIX.236.433.

Anhang

Latex Quellcode Kapitel 2.3

```
\section{Künstliche Neuronale Netze und Tiefes Lernen}


Im Bereich der Künstlichen Intelligenz gibt es eine Vielzahl von Algorithmen
welche in unterschiedlichen Bereichen eingesetzt werden. Nicht jeder
Algorithmus kann jede Aufgabe zufriedenstellend erfüllen. Die Künstlichen
Neuronalen Netze sind der Hauptgrund für den aktuellen Boom der Künstlichen
Intelligenz, bzw. das auf Neuronalen Netzen beruhende Tiefe Lernen.
Künstliche Neuronale Netze und Tiefes Lernen werden an dieser Stelle genauer
erläutert.\\


Bei einem Künstlichen Neuronalen Netz wird versucht, die Vorgänge im Gehirn
von höheren Lebewesen zu simulieren. Das Grundgerüst eines Künstlichen
Neuronalen Netzes besteht aus drei Bereichen: einer Eingabeschicht
(Input-Layer), einer Ausgabeschicht (Output-Layer), sowie eine oder mehrere
Zwischenschichten (Hidden-Layer) (siehe Abbildung 2.3). Eine Eingabe
durchläuft dieses Netz, wobei in den Zwischenschichten Entscheidungen über
die Gewichtungen der Neuronen sowie eine Schwellwertfunktion getroffen
werden. Eine mögliche Methode zum Trainieren ist die
\textit{Backpropagation}. Nach einem Durchlauf des Netzes wird die Abweichung
zwischen errechneter Ausgabe und tatsächlicher Ausgabe bestimmt. Basierend
auf diesem Fehler, werden die Gewichte an den einzelnen Schichten neu
berechnet. Dieser Vorgang wiederholt sich, bis der Fehler \glqq akzeptabel
klein\grqq{} ist. Wird das Netz in einer Richtung durchflossen, handelt es
sich um ein \textit{Feedforward-Netz}. Kann die Eingabe nach vorne und auf
eine oder mehrere Ebenen zurückspringen, handelt es sich um ein
\textit{Rekurrentes Netz}. Durch die Anzahl an Zwischenschichten können
komplexe Abbildungen von der Eingabe bis zur Ausgabe erlernt werden.\\
%----------------------%
% Plot Neuronales Netz %
%----------------------%
\begin{figure}[h!]
\begin{center}
\begin{neuralnetwork}[height=6]
    \newcommand{\x}[2]{$x_#2$}
    \newcommand{\y}[2]{$\hat{y}_#2$}
```

```
\newcommand{\hfirst}[2]{\small $h^{(1)}_#2$}
\newcommand{\hsecond}[2]{\small $h^{(2)}_#2$}
\newcommand{\hthird}[2]{\small $h^{(3)}_#2$}
\inputlayer[count=3, bias=true, title=Input\\layer, text=\x]
\hiddenlayer[count=5, bias=false, title=Hidden\\layer 1, text=\hfirst]
\linklayers
\hiddenlayer[count=3, bias=false, title=Hidden\\layer 2, text=\hsecond]
\linklayers
\hiddenlayer[count=4, bias=false, title=Hidden\\layer 3, text=\hthird]
\linklayers
\outputlayer[count=2, title=Output\\layer, text=\y] \linklayers
\end{neuralnetwork}
\end{center}
\caption{Vereinfachte Darstellung eines Neuronalen Netzes (Quelle: eigene
Anfertigung)}
\end{figure}
```

Ein Neuronales Netz ist die Grundlage für Tiefes Lernen. Beim Tiefen Lernen
handelt es sich um einen Teilbereich des Maschinellen Lernens. Der
entscheidende Unterschied ist, dass der Mensch in die Analyse und
Entscheidung des Algorithmus nicht eingreift, er stellt lediglich die Daten
zur Verfügung. Der Algorithmus lernt von sich aus, indem er das Erlernte mit
neuen Inhalten verknüpft und erneut lernt. Es lässt sich im Nachhinein nicht
mehr nachvollziehen, auf welcher Basis der Algorithmus eine Entscheidung
getroffen hat. Der Ausdruck \glqq Tief\grqq{} beruht auf der Anzahl von
Zwischenschichten des Neuronalen Netzes. Umso tiefer das Neuronale Netz ist,
umso komplexere Aufgabenstellungen können umgesetzt werden. (vgl.
\cite{Kirste2019_b}) \\

Latex Quellcode Kapitel 3.2.2

`\subsection{Go: KI gegen Mensch}`

`\textit{Go}` zählt zu den ältesten sowie komplexesten Brettspielen der Welt.
Es soll rund 2200 Jahren vor Christus in China entstanden sein, und genießt
insbesondere in Japan, China und Korea einen hohen Stellenwert. Die
Spielregeln sind einfach: gespielt wird auf einem 19x19 Spielbrett, wobei

schwarze und weiße Steine abwechselnd auf die Schnittpunkte der Linien
platziert werden. Gewinner einer Partie ist derjenige Spieler, welcher mit
seinen Steinen das größere Gebiet eingrenzt. Sollten Steine von gegnerischen
Steinen komplett umzingelt sein, gelten diese als geworfen und werden vom
Spielbrett entfernt. (vgl. \cite{Hesse2015})

Die Komplexität dieses Spiels lässt sich durch die Brettgröße sowie der
Einfachheit der Regeln erklären. Pro Spielzug stehen einem durchschnittlich
250 mögliche Züge zur Verfügung. Die Anzahl an möglichen Partien lässt sich
dadurch auf 10^{171} abschätzen. Dies übertrifft die Anzahl von Atomen im
Universum. Diese Komplexität machte es sehr schwer einen geeigneten
Algorithmus zu entwickeln. Bis zum Jahr 2015 galt Go deswegen als vom
Computer nicht schlagbar.

Das britische Forschungsunternehmen DeepMind, eine Tochtergesellschaft von
Google, hat mit AlphaGo ein Computerprogramm entwickelt, welches im Jahr 2016
den damaligen Weltmeister Lee Sedol herausforderte und in 4 von 5 Partien
gewann (siehe Abbildung 3.3).
AlphaGo benutzt die Verknüpfung von zwei tiefen Neuronalen Netzen, um den Zug
mit der höchsten Gewinnwahrscheinlichkeit bestimmen zu können. Zum Trainieren
des Programms wurde die Methode des überwachten Lernens anhand von
vergangenen Profi Partien eingesetzt. Zur Verfeinerung wurde zusätzlich noch
eine Methode des verstärkenden Lernens verwendet. (\cite{youtube})

```
%--------------%
% Go Spielbrett %
%--------------%

\begin{center}
\begin{tikzpicture}[scale=0.75]
    %--------------%
    % Das Spielbrett %
    %--------------%
    \draw[black, fill=orange!55!white] (0.25,0.25) rectangle (9.75,9.75);
    \draw[step=0.5cm] (0.5,0.5) grid (9.5,9.5);
    %---------------%
    % Schwarze Steine %
```

```
%----------------%
\foreach \x/\y in {5/9, 6.5/9, 7/9, 7.5/9, 8/9,
3/8.5, 5/8.5, 6/8.5, 6.5/8.5, 9/8.5,
5/8, 6/8, 7/8,
5/7.5, 6/7.5, 7/7.5, 9/7.5,
4/7, 4.5/7, 6/7, 6.5/7, 8/7, 9.5/7,
5.5/6.5, 8/6.5, 9/6.5,
3.5/6, 4/6, 5.5/6, 7.5/6, 8/6,
0.5/5.5, 3.5/5.5, 4.5/5.5, 5.5/5.5, 6/5.5, 8/5.5, 9/5.5,
0.5/5, 1/5, 3.5/5, 4/5, 4.5/5, 5/5, 8/5,
2.5/4.5, 3/4.5, 5.5/4.5, 7.5/4.5,
0.5/4, 1/4, 1.5/4, 2/4, 6/4, 7.5/4, 8/4, 8.5/4, 9/4,
2/3.5, 4.5/3.5, 6/3.5, 8/3.5,
2.5/3, 6/3, 7.5/3, 8.5/3, 9/3,
6/2.5, 7.5/2.5, 8/2.5,
1.5/2, 2.5/2, 3.5/2, 6/2, 7.5/2,
1/1.5, 2/1.5, 3/1.5, 5.5/1.5, 6/1.5, 7.5/1.5, 8/1.5,
1.5/1, 2/1, 3/1, 5.5/1, 7.5/1, 8.5/1,
5.5/0.5, 8/0.5}
\draw[black, fill=black] (\x,\y) circle (0.25cm);

%--------------%
% Weiße Steine %
%--------------%

\foreach \x/\y in {5/9.5, 4.5/9, 5.5/9, 8.5/9, 9/9,
1.5/8.5, 4.5/8.5, 7/8.5, 7.5/8.5, 8/8.5, 8.5/8.5,
2/8, 3.5/8, 4.5/8, 7.5/8, 8/8, 9/8,
4.5/7.5, 5.5/7.5, 7.5/7.5, 8.5/7.5,
1.5/7, 3.5/7, 5/7, 5.5/7, 7.5/7, 8.5/7, 9/7,
3.5/6.5, 4/6.5, 5/6.5, 6/6.5, 7.5/6.5,
0.5/6, 1/6, 3/6, 4.5/6, 5/6, 6/6, 6.5/6, 7.5/6, 9/6,
1/5.5, 1.5/5.5, 3/5.5, 6.5/5.5,
1.5/5, 2/5, 3/5, 6.5/5, 8.5/5,
6/4.5, 8/4.5, 8.5/4.5,
5/4, 5.5/4, 6.5/4,
1/3.5, 1.5/3.5, 6.5/3.5, 7/3.5, 7.5/3.5,
```

```
0.5/3, 2/3, 6.5/3,
1/2.5, 1.5/2.5, 2/2.5, 6.5/2.5, 8.5/2.5, 9/2.5, 9.5/2.5,
0.5/2, 1/2, 2/2, 3/2, 6.5/2, 8/2, 8.5/2,
0.5/1.5, 3.5/1.5, 6.5/1.5, 8.5/1.5,
1/1, 5/1, 6/1, 6.5/1, 9/1,
9/0.5}
\draw[black, fill=white] (\x,\y) circle (0.25cm);

\draw[black, fill=white] (3,6) circle(0.15cm);
\end{tikzpicture}
\captionof{figure}{Ende der 1. Partie von Lee Sedol (schwarz) gegen AlphaGo
(weiß). Der markierte Stein stellt den letzten Spielzug dar. (Quelle: eigene
Anfertigung nach dem offiziellen Spielbericht
(https://deepmind.com/alphago-games-english))}
\end{center}
```

Der Nachfolger \textit{AlphaGo Zero} unterscheidet sich zu AlphaGo in drei
wichtigen Aspekten:

```
\begin{itemize}
    \item Es lernte ausschließlich mit der Methode des verstärkten Lernens,
    indem es gegen sich selbst spielte
    \item Dem Programm wurden lediglich die Grundregeln des Spiels als
    Basisinformation gegeben
    \item Als Eingabe bekam das Neuronale Netz nur die weißen und schwarzen
    Spielsteine
\end{itemize}
```
AlphaGo Zero brachte sich Go von Grund auf selbst bei (siehe Abbildung 3.4).
Nach drei Tagen an Lernen durch Spiele gegen sich selbst, schlug AlphaGo
Zero den Vorgänger AlphaGo bei 100 Spielen 100 zu 0. Basierend auf diesem
Algorithmus wurden weitere Verbesserungen und Ergänzungen vorgenommen. Im
Nachfolger \textit{Alpha Zero} wurden der KI zusätzlich die Spiele Schach
und Shogi beigebracht (vgl. \cite{article}). In der aktuellsten Version
\textit{MuZero} wurden zusätzlich 57 Atari Videospieleklassiker hinzugefügt
(\cite{DBLP:journals/corr/abs-1911-08265}).\\

\begin{figure}[H]
```
```

```latex
\centering
\subfigure[3 Stunden Training: AlphaGo Zero spielt wie ein menschlicher
Anfänger. Eine Langzeitstrategie ist nicht erkennbar, es wird versucht so
viele gegnerische Steine wie möglich zu werfen.
]{\includegraphics[width=0.29\textwidth]{Go3hours.jpg}}
\quad
\subfigure[19 Stunden Training: AlphaGo Zero hat die Grundlagen von
fortgeschrittenen Techniken wie \glqq Leben und Tod\grqq{} oder auch
\glqq Gebiet und Einfluss\grqq{}
gelernt.]{\includegraphics[width=0.29\textwidth]{Go19hours.jpg}}
\quad
\subfigure[70 Stunden Training: AlphaGo Zero spielt auf übermenschlichem
Niveau. Das Spiel ist diszipliniert und beinhaltet mehrere
Herausforderungen auf dem gesamten Spielbrett.
]{\includegraphics[width=0.29\textwidth]{Go70hours.jpg}}
\caption{Fortschritt von AlphaGo Zero nach 3, 19 und 70 Stunden an Spielen
gegen sich selbst (Quelle: \cite{hassabis}
(https://deepmind.com/blog/article/alphago-zero-starting-scratch))}
\end{figure}
```